누리 과정에서 쏙쏙

자연탐구　탐구과정 즐기기 – 주변 세계와 자연에 대해 지속적으로 호기심을 가진다.
　　　　　자연과 더불어 살기 – 생명과 자연환경을 소중히 여긴다.

초등 과정에서 쏙쏙

과학 3-1　1.우리 생활과 물질 – 3.물질의 상태
　　　　　　4.지표의 변화 – 2.변화하는 땅
과학 4-2　2.물의 상태 변화 – 1.물과 우리 생활, 2.물과 얼음, 3.물과 수증기
도덕 4　　6.내가 가꾸는 아름다운 세상 – 자연과 함께하는 우리, 환경 – 바른 생각으로 지켜요

감수 및 추천 이명근 박사(미국 존스홉킨스 대학교 교수 역임, 현재 연세대학교 보건대학원 교수)
세계 곳곳의 재난지에 뛰어들어 어린이들은 물론 도움이 필요한 사람들을 구조하며 봉사의 삶을 사는 분입니다. 알아야 더 잘할 수 있다는 믿음으로 연세대학교 보건대학원에 '국제 재난 대응 전문가 과정'을 개설하여 많은 재난 구조 전문가를 양성하고 있습니다. 국제 NGO인 '머시코'(Mercy Corp.)와 UNDP(유엔경제개발계획)에서 활동하기도 했습니다. 지금은 재난 구호의 필요성을 알리고, 아시아와 아프리카의 개발을 위해 '코이카'(KOICA, 한국국제협력단)와 국제 개발 기관인 '글로벌 투게더' 등과 함께 봉사에 앞장서고 있습니다.

글 황근기
강원도 춘천에서 태어나 대학에서 국문학을 공부했습니다. 현재 동화, 만화, 시, 여행기 등 다양한 장르를 넘나들며 글을 쓰고 있습니다. 그동안 쓴 책으로는 〈Why? 로켓과 탐사선〉, 〈과학 첫발 1,2〉, 〈과학대소동〉, 〈생각하는 아이를 위한 놀이 과학동화〉, 〈과학귀신〉, 〈꼬물꼬물 갯벌 생물 이야기〉, 〈리틀 과학자가 꼭 알아야 할 과학 이야기〉, 〈대머리 아저씨의 머리카락〉 등이 있습니다. 특히 인도, 네팔, 티베트 지역의 문화에 푹 빠져 수차례 히말라야 주변을 여행하고 나서 그 경험을 토대로 〈세계 지도로 보는 세계, 세계인〉, 〈100나라 어린이들이 가장 궁금해하는 100가지〉 등을 썼습니다.

그림 임정수
홍익대학교에서 시각디자인을 공부하였고, 그동안 게임 일러스트레이터로 활동하였습니다.
2008년에는 영화 〈쌍화점〉 콘티 작업에도 참여하였으며, 그린 책으로는 〈백조의 왕자〉가 있습니다.

자연의 신비 | 물의 순환
48. 출렁출렁 물방울의 여행

글 황근기 | **그림** 임정수
펴낸곳 스마일 북스 | **펴낸이** 이행순 | **제작 상무** 장종남
대표 조주연 | **주소** 서울특별시 종로구 사직로8길 20, 103호
출판등록 제2013 - 000070호 **홈페이지** www.smilebooks.co.kr
전화번호 1588 - 3201 **팩스** (02)747 - 3108
기획 · 편집 조주연 김민정 김인숙 | **디자인** 김수정 정수하
사진 제공 및 대여 셔터스톡 연합뉴스 프리픽

이 책의 모든 글과 그림 등의 저작권은 스마일 북스에 있습니다.
본사의 허락 없이 이 책에 실린 내용의 일부 또는 전체를 어떤 형태로든지
변조하거나 무단 복제하는 것은 법으로 금지되어 있습니다.

⚠ 책을 집어던지면 다칠 수 있으니 조심하십시오. 잘못 만들어진 책은 바꾸어 드립니다.

출렁출렁 물방울의 여행

글 황근기 | 그림 임정수

나는 **물방울**이에요.
하늘에 **구름**으로 둥둥 떠 있던 어느 날,
갑자기 번쩍! 우르르 꽝꽝! 천둥 번개가 쳤어요.

친구들과 나는 **빗방울**이 되어
땅으로 내려왔어요.

검룡소
강원도 태백산에 있는 검룡소는 한강이 시작되는 곳으로 알려져 있어요.

나는 계곡을 따라
미끄럼틀을 타듯
콸콸 흘러갔어요.

계곡을 지나자,
넓은 **하천**이 나타났어요.
나는 신이 나서
계속 흘러갔어요.

골지천
검룡소에서 시작하여 남한강으로 흘러내리는 하천이에요.

동강
강원도 영월군에 흐르는 강이에요. 검룡소에서 흘러든 물은 골지천을 지나 동강으로 흘러요.

우리는 하늘, 땅,
강, 바다……,
어디든지 마음대로
갈 수 있어요.
긴 강이 나타나자
어떤 친구는
수돗물이 되어 흘러갔고,
또 어떤 친구는
논밭으로 흘러갔어요.

두물머리
남한강과 북한강이 만나 하나의 한강이 되는 곳이에요.
두 강이 만나는 곳이어서 강폭이 아주 넓어요.

나는 다른 강을 따라 흘러온
새로운 친구들을 만났어요.

우리는 서로 반갑게 인사를 하고
함께 흘러가기로 했어요.

댐이 나타나자 갑자기 물살이 거세지기 시작했어요.
우리는 높은 댐 위에서 아래로 뚝 떨어지며
전기를 만들었어요.

팔당 댐
한강에 있는 다목적 댐이에요. 댐은 농사에 필요한 물을 공급해 주고, 물을 높은 곳에서 떨어뜨려 그 힘으로 전기를 만들기도 해요.

한숨 푹 자고 일어났더니 아주 **큰 강**이 나타났어요.
여러 갈래 물길을 따라
많은 친구들이 모여들었어요.
우리는 함께 모여 느릿느릿 흘러갔어요.

한강
우리나라 중부를 흐르는 강으로, 태백산에서 시작하여 서울을 지나 서해로 흘러가요.

한강 하구
하구는 강물이 바다와 만나는 곳이에요. 김포에서 서해로 나가는 길목인 강화까지 하구로 볼 수 있어요.

조금 더 가다 보니
짠 소금기가 느껴졌어요.
아, 이제 바다가 가까워졌나 봐요.

서해
우리나라 서쪽에 있는 바다예요. 동쪽 태백산에서부터 흘러온 한강이 마지막으로 도착하는 곳이지요.

드디어 넓은 **바다**에 도착했어요.
나는 출렁출렁 파도를 타고
넓은 바다를 둥둥 떠다녔어요.

그러던 어느 날,
갑자기 내 몸이 하늘로 둥실둥실 떠올랐어요.
나는 다시 하늘에 동동 떠 있는
구름이 되었어요.

그리고
번쩍! 우르르 꽝꽝!
천둥 번개가 치는 어느 날,
나는 다시 **빗방울**이 되어
툭!
땅으로 내려왔답니다.

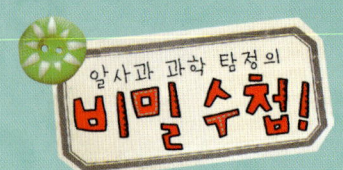

물이 돌고 돌아요

물방울은 구름에 머물러 있다가 비가 되어 떨어져요. 땅과 바다로 흘러든 물은 하늘로 올라가 또다시 구름이 되어요. 이처럼 물이 계속 돌고 도는 것을 **물의 순환**이라고 해요.

🍊 구름

수많은 물방울이나 작은 얼음 알갱이들이 서로 엉겨 붙어 **구름**이 만들어져요.

🍊 비

작은 구름들이 모여 엉겨서 큰 구름이 되면 물방울들도 커져요. 커진 물방울이 무게를 이기지 못하고 땅으로 떨어져요. 이것이 **비**예요.

🍊 눈

구름에서 물방울들이 땅으로 떨어질 때, 추운 날씨 때문에 공중에서 얼어 땅으로 떨어져요. 이것이 **눈**이에요.

물이 태양열을 받아 수증기가 되어 하늘로 올라가 구름이 돼요.

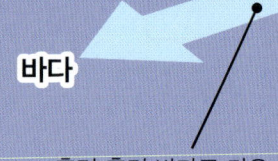

바다

흘러 흘러 바다로 가요.

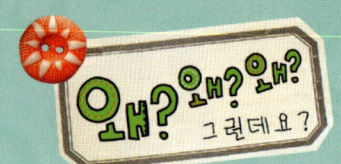 

물의 순환에 대한 요런조런 호기심!

강과 바다는 어떻게 달라요?

강은 산의 계곡을 따라 내려온 물이 모여 땅과 땅 사이로 흐르는 물줄기야. 하지만 바다는 지구 전체의 땅을 둘러싸서 하나로 이어진 커다란 물이란다. 또한 강물은 아무 맛도 나지 않지만, 바닷물은 소금기가 있어 굉장히 짠맛이 나지. 그래서 강물은 사람이나 동물, 식물이 먹을 수 있지만, 바닷물은 먹으면 안 된단다.

흘러온 강물은 바다와 만나 짠물이 되지요.

안개와 이슬, 서리는 어떻게 달라요?

안개는 땅의 차가운 기온 때문에 생긴 물방울이야. 땅 가까이에 생긴 구름이라고 할 수 있지.
이슬은 공기 중의 수증기가 차가워진 풀잎 등에 닿아 물방울로 변한 거야.
서리는 추운 겨울날에 볼 수 있는데, 수증기가 차가운 풀잎이나 창문에 달라붙어 얼어 버린 거란다.

안개가 끼면 앞이 잘 안 보여요.

이슬은 바람 없는 맑은 날 밤에 생겨요.

서리는 수증기가 얼어붙어 하얗게 된 거예요.

물은 어떻게 집으로 들어오나요?

강물을 댐으로 끌어모아 정수장에서 깨끗하게 소독을 해. 그런 다음 수도관을 통해 집집마다 보내 주지. 물이 수도관을 통해 집으로 흘러오는 셈이야. 옛날에는 땅을 깊게 파서 땅속에 모여 있는 물을 직접 끌어올려 사용하기도 했단다. 하지만 요즘에는 오염된 물이 많아서 꼭 소독된 물을 사용해야 한단다.

강물을 끌어모아 깨끗하게 소독해요.

강 / 땅 / 수도관

소독된 물은 수도관을 통해 집집마다 전달되어요.

바닷물은 왜 짠가요?

바닷물이 짠 이유는 바닷물에 소금이 녹아 있기 때문이야. 왜 소금이 녹아 있게 되었느냐고? 빗물이 돌덩어리 속의 성분을 녹이게 되는데, 이 물이 바다로 흘러 들어갔기 때문이래. 또는 바다 밑에 있는 화산이 폭발하면서 나온 많은 물질이 바닷물 속에 녹아들어서 그렇다는 말도 있단다.

햇빛을 오랫동안 받으면 바닷물은 사라지고 소금만 남게 돼요.

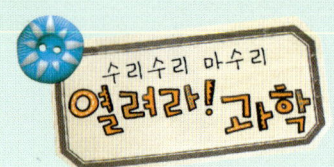

바다에도 이름이 있어요

바다는 지구의 땅보다 두 배는 넓어요. 넓은 바다는 하나로 통해 있지만, 장소에 따라 각각 다른 이름이 있답니다.

우리나라

북극해 여름 이외에는 대부분 얼어 있어요.

대서양 세계에서 두 번째로 넓어요.

태평양 세계에서 가장 넓어요.

인도양 세계에서 세 번째로 넓어요.

남극해 일 년 내내 얼음으로 덮여 있어요.

바다도 강처럼 흘러 다녀요. 세계의 이편에서 저편으로 흘러가지요.

카드 맞추기

물의 순환 과정을 순서대로 맞추어 보세요.

넓고 넓은 바다가 돼요.

비가 주룩주룩 내려요.

둥실둥실 뜬 구름이 돼요.

길고 긴 강이 돼요.

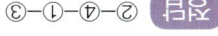

정답 ②-④-①-③